Noureddine Mhakkak

Le Jardin Parfumé

Noureddine Mhakkak

Le Jardin Parfumé

Livre Poétique

Éditions Muse

Imprint
Any brand names and product names mentioned in this book are subject to trademark, brand or patent protection and are trademarks or registered trademarks of their respective holders. The use of brand names, product names, common names, trade names, product descriptions etc. even without a particular marking in this work is in no way to be construed to mean that such names may be regarded as unrestricted in respect of trademark and brand protection legislation and could thus be used by anyone.

Cover image: www.ingimage.com

Publisher:
Éditions Muse
is a trademark of
Dodo Books Indian Ocean Ltd. and OmniScriptum S.R.L publishing group

120 High Road, East Finchley, London, N2 9ED, United Kingdom
Str. Armeneasca 28/1, office 1, Chisinau MD-2012, Republic of Moldova, Europe
Printed at: see last page
ISBN: 978-620-4-97115-5

Noureddine Mhakkak

Le Jardin Parfumé

Livre poétique

Avant-propos

« Le Tout-Puissant a ensuite plongé les femmes dans une mer de splendeurs, de voluptés et de délices ; Il les a couvertes de vêtements précieux, avec des ceintures éclatantes et des sourires excitants. »

-Le cheikh Mohammed El Nefzaoui-
(Le Jardin Parfumé)
Traduction par Isidore Liseux.
-Paris 1910-

Les cheveux dorés

Ses cheveux dorés
Battant comme des oiseaux
Dans l'air du printemps
Et sa main droite
Sur ces cheveux.
Elle caresse ses mèches
Dans la tentation des gitans
Quelle femme magnifique !
Elle sourit à ce qui va arriver
Peut-être qu'elle imaginait
Une vie éternelle

Elle chantait ainsi
Sa belle poésie
Peut-être, elle voit aussi
Le fantôme d'un homme
Venant de loin
Peut-être elle a fait
Une belle rêverie
Ce qui la rendait heureuse
Satisfaite d'elle-même
Et cela se manifeste
Dans les miroirs magiques
De son esprit féminin

Les yeux adorables

Elle est blonde
Oh quelle belle blonde !
Une beauté unique
Elle porte une chemise blanche
Et un pantalon noir
Et entre le blanc et le noir
Mon cœur est perdu
Ses yeux sont adorables
Et la bouche écarlate
Est très sexy

Le nez
Est aristocratique
Je suis obsédé
Par son image
Que j'ai accrochée
Au mur magique
De mon cœur
J'attends avec plaisir
Son doux baiser
Comme d'habitude
Matin et soir … !

Les regards érotiques

Ses regards
Sont érotiques
Appellent à l'amour
Et la bouche
Est très sexy
Et comme ses lèvres
Sont très belles !
Sont très séduisantes !
Ses lèvres
M’appellent …
Toujours
Avec désir … !

Ici mon nom
Est bien dessiné
Dans les miroirs
De ses yeux
Et voici son corps agréable
Déclare la révolution
En me disant
Ce qu'il veut
Je suis vraiment
Impressionné
Par toute cette beauté
Très féminine
Qui me rend fou
De cette belle femme !

La nudité sublime

C'est comme si
Elle ne portait rien
Quand on voit son image
Pour la première fois
Mais quand on la regarde
Attentivement
On voit qu'elle porte
Des vêtements magiques
On voit qu'elle est devenue
Une femme en papier
Et que son corps porte
Des lettres et des mots

On aperçoit ainsi,
Que son corps a disparu
Dans un monde des symboles
Malgré son éclat charmant
Qui fait tellement plaisir
À ceux qui le regardent
Avec beaucoup de plaisir
Et qui désirent le voir
Dans sa sublime nudité

Le réveil de la joie

Le rire remplit ses lèvres
Alors qu'elle regardait le ciel,
Les yeux fermés de joie.
Ils sont infiniment beaux,
Et sa beauté attise les sentiments
Et les réveille du sommeil
Son image est un symbole
De la beauté féminine
Et elle le sait …

Elle danse
En plein bonheur
Elle danse sous
L'intensité de l'amour
Elle a pris cette photo
Afin d'immortaliser
Ce beau moment
Elle a ri de tout son cœur
Et son cœur était
Un rayon de lumière
Venant de nulle part
Venant du plus profond
De son existence

La belle lectrice

Elle portait un journal
Dans ses mains
Le journal cachait
Tout son corps nu
Elle était debout
En train de lire
Les nouvelles
Et je la regardais
Avec tant de plaisir

J'ai hâte qu'elle finisse
De lire
Et de mettre le journal
À côté …
Pour que je puisse
Voir tout son corps nu
Avec toute la tentation
Qu'il porte en lui

De toute façon
La femme
N'a pas jeté
Le journal
Elle a continué
À le lire
D'éternité
En éternité … !

Les rêves luxurieux

Elle a un corps
Très magnifique
Ses cheveux sont dorés
Et le bleu de ses yeux
Merveilleux
M'envoie des bisous
À distance
Transportés par l'air
Volant
Qui me les livre
Avec tant de plaisir

Un baiser le matin
Et un baiser le soir
Et entre les deux,
Les beaux rêves
Vont …
Et viennent…
Entre nous !

Je l'embrasse
Quotidiennement
Dans mes rêves
Et je rêve qu'elle
M'embrasse aussi
Dans ses rêves
Très doux
Et très érotiques … !

Le parfum des lèvres

Ma belle
Chaque matin
Je t'embrasse
Tes lèvres sont pleines
De parfum
Et tes cheveux dorés
Coulent doucement
Sur tes épaules nues
Et tes yeux regardent
Très loin
Dans un désir
Très sauvage

Et moi,
J'attends chaque jour
Que le soir arrive…
Dans mes rêves
Nous partons ensemble
Vers la forêt
Et sous les grands arbres
Tu danses pour moi
Toute nue
Ton corps succulent
Me fascine
Et me faire rêver
En plein rêve … !

La joie de l'élégance

Sur le divan
Elle a pris sa place
Habituelle
Puis, comme d'habitude
Elle s'est préparée
À se lever
Pour aller au travail
Sa belle robe noire
Est très élégante.
Elle regardait avec joie
Sur son téléphone
De temps à autre

Ensuite,
Elle a commencé à lire
Une petite lettre
Peut-être que cette lettre
Était l'une de mes lettres
Pour elle
Une lettre qui est venue
Du plus profond coin
De mon cœur
Peut-être elle était une lettre
De l'une de ses amies
Ou peut-être elle était une lettre
De l'un de ses plusieurs
Adorateurs inconnus

Les carnets magiques

Dans une maison sauvage
Elle était assise seule
Comme si elle attendait
Un loup
Qui peut venir de loin
Pour réconforter
Sa haute solitude
Jusqu'au retour
De l'amant absent
Elle ne pensait à rien
Elle aimait la solitude
Cette solitude sauvage
Dans une maison située
Dans un lieu lointain

Parfois
Elle pouvait entendre
Un loup qui hurlait
Elle pouvait entendre
Peut-être un lion
Qui hurlait
Elle pouvait même
Bien entendre
Un serpent affamé
Qui sifflait

Elle adorait écouter
De la musique
Venant de la forêt
La plus éloignée,
Jouée par un passant
Ou un berger
Ou même par un simple
Passager de nuit…

Elle ne se penchait
Sur rien
Pourtant elle était
Très heureuse
En quelque sorte
Elle ne voulait pas
Quitter cette maison
Elle ne voulait pas
Vivre en ville
Elle ne voulait même pas
Avoir des enfants…

Elle écrivait
De temps en temps
Sur les jours de sa vie
Qui ont passé lentement
Elle écrivait
Sur des carnets magiques
Leurs feuilles ne finissent
Jamais…
Des carnets qui ne révélait pas
Ses secrets
À qui que ce soit....

Le baiser du matin

Je n'ai pas oublié
Le baiser du matin
C'est mon premier
Petit-déjeuner
Je sirote de tes lèvres
Leur lait chaud
Et j'attends la suite
Un des grands plaisirs
C'est le début…
Les débuts toujours
Sont beaux

Tout ce qui vient
Après eux
Est tellement beau
Je n'ai pas oublié
Le baiser du matin
Je t'attendais
J'ai attendu ton baiser
Ou au moins
Un signe venait de toi
En me disant ceci :
Embrasse - moi !

Quel beau baiser
Du matin !
Venant de tes lèvres
Il m'a rendu heureux
Toute la journée
Et quand je suis revenu
De mon travail
Vers toi

Les baisers du soir
Nous attendaient
Cela est continué
Toute la nuit
Il n'a pas fini
Jusqu'à que le coq
A Commencé à chanter
En annonçant l'arrivée
D'un nouveau jour… !

La fierté féminine

Fierté féminine
Un regard orgueilleux
Superbe
Et une beauté forte
Et très charmante
Les cheveux pendent
Sur les épaules
Et la chemise bleue
Brille avec des étoiles
La poitrine est magnifique
Et les deux seins
Sont des belles colombes
Et la beauté des yeux
Est pleine de séduction

Le coin du plaisir

Ses yeux sont verts
Le corps nu
Est magnifique
Et les cheveux brillants
Flottent dans l'air
Comme des oiseaux de feu
La poitrine échauffe
Deux belles pommes
La sédition est tellement
Déclare son réveil
La séduction est fortement
Présente !

Comme j'ai adoré voir
Cette belle femme
Sous cette forme
Très éblouissante
Comme j'ai adoré
La regarder
Les yeux dans les yeux
Comme j'ai adoré
Toucher l'or de ses seins
Comme j'ai adoré
Embrasser ses lèvres
Comme j'ai aimé aller
Plus loin, avec elle
Jusqu'à l'infini
De la volupté …

Elle est amplement
Rayonnante
Elle m'a regardé
Avec tant de désir
Ainsi,
Mon aventure
A commencé avec elle
Ainsi,
Son voyage a débuté
Avec moi
Dans le beau jardin
Du plaisir ....

Le désir sauvage

Elle était assise
Dans un état détendu
Sur le sable de la mer
Elle ne portait sur elle
Que son charme féminin
Comme une belle mariée
Légendaire
Elle regardait
La direction de la route
En attendant
Le premier étranger
Pour lui révéler
Tous ses secrets

La bouche était fascinante
Par sa forme
Et les lèvres fines
Racontaient des histoires
Mythiques
Et moi,
Je venais de loin
Je la regardais
Avec désir...

J'attendais
Qu'elle me voyait
Comme c'était agréable
De la voir … !
Comme c'était beau
De me voir … !
Ainsi,
Notre histoire
A commencé …

Au milieu de la forêt
Elle est assise seule
Comme si elle pensait
Au passé
Comme si elle regardait
Vers l'avenir
Ses cheveux blonds
Sur les épaules
Les mains sont entrelacées
En harmonie
Le bout des doigts
Près des lèvres

La pensée est absente
Peut-être qu'elle pense
À son amant absent
Peut-être que cet amant,
C'était moi
Comme c'est beau
Si cet amant était
Vraiment moi
Cet amant absent … !

Le songe lumineux

Je l'ai vue
Sur le sable de la mer
Elle portait une robe verte
Transparente
Cela lui allait à merveille
Ses seins étaient voluptueux
Comme deux chevaux forts
Ils stimulaient le désir
J'ai regardé ses yeux
Et j'ai plongé dans
Leur rayonnement
J'ai regardé son corps
Qui annonçait toute
Sa séduction fatale

J'étais presque mort
De soif
Mais j'ai ressuscité
Par l'amour
Ses jambes exprimaient
Le désir de l'attirance
La beauté occupait
Toutes les zones
De son beau corps

C'était une femme
Aux traits légendaires
J'étais dans ses moments
Un homme mythique
Venant de loin
Nous avons souhaité
Tous les deux
De nous rencontrer
Dans un rêve espéré !

Le lit fabuleux

Les seins sont sauvages
Ils déclarent la révolution
Contre le corps
Ils regardent
Depuis le balcon
Au grand air
Le corps porte
Des vêtements très légers
Des vêtements rouges
Qui montrent
Tous ses charmes

Le corps déclare
Une désobéissance
À la timidité
Il n'y a pas de beauté
Qui soit calme
La beauté est par nature
Une enfant rebelle
Qui joue dans avec folie
Qui écrit les plus beaux
Poèmes d'amour
Du plaisir
Et de séduction…

La femme
Celle qui possède
Cette beauté légendaire
Me regarde
Avec un sortilège
Très féminin
En m'invitant avec
Ses beaux regards
À son lit magique ... !

La bien-aimée

Elle porte
Une belle robe blanche
Ouverte
Complètement transparente
Les beaux seins
Les deux seins
Brillent de mille feux
Sur l'air extérieur
Ils annoncent
Leur joyeuse présence
Pour tous les spectateurs

Les magnifiques cheveux
Blonds
Rejoignent joyeusement
Les magnifiques épaules
Les mots sont incapables
De décrire toute
Cette beauté féminine
Les regards sont innocents
Mais pleins de séduction
La bouche est charmante
Par sa rondeur magnifique
Elle attend avec plaisir
Que les baisers viennent

Personne
Ne peut passer
Devant cette beauté
Sans être impressionnée
Sans se tourner
Pour la voir
Avec désir …
Quant à moi,
La belle femme
Que j'ai décrite ici
C'est ma bien-aimée
Et je suis son homme
Son seul amour … !

La femme charmante

La charmante femme
Qui porte une robe
Bleu sexy
Et qui attend avec désir
Celui qui peut venir
De loin,
Ses mains délicates
Sont placés au-dessus
De la tête
Et ses regards séduisants
Sont dirigés
Vers la route …

Ses regards sont pleins
D'un grand plaisir
Attendant l'arrivée
Du bien -aimé
Pour qu'il les embrasse
Avec un désir
Très ardent…
Cette femme-là
Je la voyais souvent
Dans tous mes rêves
Je l'ai trouvé présente
Dans le livre de l'amour…

Ainsi,
J'écris sur elle
Dans mon recueil
De poésie
Ainsi,
Elle devient
Une de mes charmantes
Héroïnes … !

Elle nage
Comme un poisson
En m'appelant
De loin
Je la Regarde
En train de nager
Comme un poisson
Mais,
Je ne me jette pas
Dans l'eau
Pour nager à côté
D'elle ….

Il me suffit bien
De la regarder
En train de nager
Comme un poisson
Et elle m'appelle…
Comme elle est
Très Magnifique
Dans sa beauté
Très féminine !

Et comme c'est
Merveilleux
Quand elle m'appelle
Et surtout,
Comme elle est
Merveilleuse
Pendant la nuit
Sur le lit du plaisir
Très succulent
Oh,
Comme elle est
Merveilleuse
Dans sa beauté
Très féminine … !

Le tapis rouge

La couleur noire
Transparente
Annonce les charmes
De la femme
Et cela incite les gens
À regarder
Elle est assise
Quelque part
Dans un état
De séduction

La jambe
Sur la jambe
Leur blancheur
Est magnifique
Elle séduit ceux
Qui la regardent
Avec tout le délice
Il n'y a pas
De plaisir innocent
Tous les plaisirs
Cachés des aventures
Inattendues

Tandis que les mots
D'encouragements
Dorment tranquilles
Dans les pages des livres
Et quand une femme
Lit un livre
Le livre devient célèbre
Ses lettres changent
Leur simple nature
Et deviennent
Des oiseaux migrateurs

Oh,
Celle belle femme
Qui porte
La robe noire
Viens chez moi
Pour rendre ensemble
Le noir en blanc
Pour nous dansons
Ensemble
Sur un tapis rouge
Très légendaire
Et pour créer
Des belles histoires
D'amour et de volupté

La belle concubine

Assise
Sur le trottoir
Tout près du café
Il y a plusieurs
Paliers
Et des immeubles
De grande hauteur
Elle porte une chemise
Blanche
Qui cache les charmes
De sa poitrine
Et la beauté
De ses seins…

Elle regarde
Dans ma direction
Comme si elle veut
Me dire quelque chose
Je suis complètement
Fasciné par elle
Je rêve
De l'accompagner
À ma chambre
La plus éloignée
Qui surplombe
Les vagues de la mer

Elle rêve
De devenir
Ma concubine
Ainsi,
On voit le monde
Comme on aime
Ainsi,
On voit le monde
Ensemble
Et comme on veut
Bien sûr … !

La chaleur de la passion

J'étais
En train de lire
Le journal
Elle était assise
Tout près de moi
Elle porte
Des vêtements
Très légers
Qui convient
Au climat
De la maison…

Elle me racontait
Des histoires
De sa belle vie
Et quelques relations
Antérieures
Et de temps
En temps
Elle me jurait
Qu'elle n'a jamais
Aimé
Personne avant
……………….

Et de temps
En temps
Elle se levait
Et m'embrassait
Avec désir
Et à un certain
Moment
J'ai jeté le journal
Et Je me suis jeté
Passionnément
Sur elle …

Les lettres de l'amour

Elle me regarde
Avec un désir
Très sexy
Elle est assise
Sur le lit
Elle n'a pas encore
Enlevé sa chemise
Blanche
Même si elle portait
Seulement avec lui
Des sous-vêtements
Très transparents

La volupté émane
De ses regards
Très ravissants
Et la façon magique
Dont elle me regarde
Est tellement
Fascinante
Éblouissante
Attirante
Captivante
Envoutante
et tellement agréable

J’aime la regarder
Elle est dans tout
Son terrible charme
La voix de la volupté
M’appelle
Avec mille et une voix
Et puis,
Nous nous sommes
Plongés sur le lit
Nous commençons
À lire
Toutes les lettres
Les lettres d'amour
Si profond
Et très érotique.

Elle portait
Sur elle
Une chemise noire
Transparente
Cela m'a beaucoup
Excité et a enflammé
Le désir ardant
Dans mon cœur
Cela m'a fait beaucoup
Penser à elle
Elle était tentatrice,
Elle était tellement
Séduisante
En plus,
Elle était fascinée
Au point d'un amour
Impossible !

Les moments de l’extase

Aucun regard
Sur elle
N’était innocent
Puisque,
Son corps était
Très sexy
Je l’ai vu souvent
Dans mes rêves
Marchait au fond
De la belle forêt
De la volupté
Pour t'atteindre
Le désir ultime… !

Moi, dans ses yeux
J'étais un chacal
Qui suivait toujours
La belle fille de la forêt
Dans ses rêves
Je partageais son lit
Dans les feux du désir
Jusqu'au le moment
De l'extase
Jusqu'à ce que
Le coq chantait
Trois fois… !

La table des matières

Printed by Books on Demand GmbH, Norderstedt / Germany